Savoir Vivre

Félix Auvard

Robert Laffont

ISBN : 978-2-221-26836-0
Dépôt légal : novembre 2023
Éditions Robert Laffont — 92, avenue de France 75013 Paris

À mes grands-mères.

Ça faisait longtemps que j'avais pas pris le temps
de noter dans mes carnets mes états d'âme,
les moments marrants de ma journée
comme les grosses frustrations
qu'il fallait coucher sur papier.

La dernière fois que j'ai fait ça,
c'était sur un blog, de mes 12 à 18 ans.

Mon avatar semble apparaître quand j'ai besoin
de traverser un moment charnière
et qu'il faut prendre du recul.

L'année dernière, il a réapparu,
c'était une excellente idée de sa part.

Tiens, et si je me posais à la terrasse d'un café pour bouquiner ?!
Chuis trop chou
Chips
Parfait!

Mon cerveau me fait ce truc parfois,
où quand j'essaye de voir la vie en rose…

... il me fout tout en gris.

Introduction :

La liste de mes Ennuis

Pour vous faire le topo :
La vie, c'est une boîte de bonbons.

Et moi, je suis un rouleau de réglisse.
En gros, j'ai le droit d'être là et j'ai envie de participer, mais ça fait plaisir à personne.

Ah nan, mieux, je suis de la réglisse enrobée de sucre aux couleurs vives et acidulées.

Vous me trouvez dur envers moi-même ? Ça va, j'aurais pu me comparer à un yaourt...

J'ai fait ce qu'on préconise, je suis allé voir des gens qui savent comment mieux vivre et des gens qui en connaissent un rayon sur la vie des gens.

C'était TOP.

Je sais pas qui a décrété que la vingtaine c'était les « meilleures années de la vie », mais j'ai bien envie de lui péter la gueule.

Longtemps, j'ai cru que j'étais spécial, que j'avais ce « je ne sais quoi »...

Il s'est avéré que c'était juste un privilège de classe.

Ça agissait un peu comme une carapace
et simultanément un BOOST de sociabilité.

Il semble cependant que ça fasse
de moins en moins effet...

Plus le temps passe, plus je me trouve bête.

Il serait peut-être temps de mettre à contribution tout ce que j'ai appris pendant ma scolarité...

Je m'ennuie vite, j'ai aucune patience, aucune intelligence émotionnelle...

Un jour j'en veux au monde entier
et le lendemain, tout est de ma faute.
La nuance ? Connais pas.

C'est ça, une crise de milieu de vie ?
25 ans, c'est un chouia tôt, non ?

Qu'est-ce qu'il y a ?
Je sonne comme la personne en soirée
qui plombe l'ambiance avec ses remarques cyniques ?

Possible...

Ça aussi, c'est un truc à régler...

CHACUN SES GOÛTS! C'EST PAS GRAVE D'AVOIR TORT
RÂÂÂH mais QUAND MÊME! Les GENS qui aiment les chips goût PIZZA ou FROMAGE DU JURA
PIRE LES PÉDOPHILES
Allez allez, ça va...
CHACUN SES GOÛTS*
* VOIR CONDITIONS D'UTILISATION

And remember!
if you don't love yourself, how the hell you gonna love somebody else?

Pffff
Positivité toxique..

En même temps c'est vrai, si j'ai des mauvais rapports avec moi-même, comment puis-je vivre en harmonie avec les autres ?
Encore une fois, t'es pas OBLIGÉ. Tu peux choisir le CHAOS si c'est plus facile !
Tu fais c'que tu veux !
Ça peut même être vecteur de création ! comme les plus grands !
Dans « CONNARD » il y a « ART » !
ORRRH
Une belle vie d'artiste torturéHH
ÇA SUFFIT ! ENVOYEZ-MOI QUELQU'UN D'AUTRE !!!

Partie 1 :

SOMME de SEUM

(de l'arabe sèmm, venin)
Familier : Vif ressentiment mêlé d'écoeurement.

Comment soigner ce mal qui m'habite ?
Faut faire comment ? Comme pour ses plantes ?

ou sa salle de bains, chépas...

On m'a conseillé des techniques de relaxation (La technique « Papillon ») à pratiquer chaque fois que j'ai une montée d'angoisse.

J'essaye de faire un travail sur moi, je le JURE, mais on me met des bâtons dans les roues constamment !

SOURIRE FORCÉ
GÊNE
euh
Il va rester encore longtemps ?

Je teste sans relâche...
je vais bien finir par trouver!

CRÈME DE SEUM
100% SEUM

Ce qui me manque, c'est peut-être tout simplement
DE NOUVEAUX IDÉAUX
Tiens, un nouvel épisode de « V(N)OUS », mon podcast bien-être favori...
▷ PLAY
Aujourd'hui j'accueille Agathe Cerise-Cerise. Bonjour Agathe. * VOIX ACCUEILLANTE *
Bonjour Emeline. * VOIX RECONNAISSANTE *
Tu es venue nous parler de ton parcours vers la guérison...
Ui... * VOIX ALSACIENNE *
Avant, je prenais part à des combats de rue... Deux à trois fois par semaine...
* VOIX NON JUGEANTE * Oh...
Coups de pied, coups de poings, poings américains...
Poings alsaciens ? * VOIX TAQUINE *
Pardon. * VOIX NON JUGEANTE *

Il fallait absolument que je sorte de ce monde sombre et à la fois si confortable…
* VOIX JUGEANTE* Confortable …?
C'est là que j'ai découvert
Les bâtons de sauge.
Les bâtons de sauge, exactement, Emeline
Hi Hi
Je m'en doutais * VOIX EXPERTE*
Ça m'a beaucoup aidé à marcher vers moi-même et… hihi… si j'ose dire
! OSE! * VOIX ENCOURAGEANTE*
Devenir celle que j'ai toujours été…
… Brand Content Manager…
C'est magnifique Agathe… * VOIX PLEURANTE*
Quel parcours inspirant…

Bon, il me faut un HOBBY là...
Ça va m'aider à m'ÉPANOUIR
Je mens, c'est parce que j'ai plus rien à raconter à mes potes
J'aime quoi...
... euh... le dessin?
Bah ouais mais c'est mon TRAVAIL et qui dit TRAVAIL dit SOUFFRANCE...
Bonne soirée!
J'vais à l'escalade
moi à la piscine!
Moi je vais ✿Rire & Aimer✿!
Ah...
... bonne soirée...

Je les admire, ils savent varier les plaisirs...
L'escalade... c'est sympa...
REGARDEZ! ON VOIT SES COUILLES!
HA HA HA HA HA!!
Et la piscine, c'est bien, ça...
HAHA IL EST GROS ET PÉDÉ!
GROS PÉDÉ MDR
...
Bon, faire des BD pour me plaindre fera très bien l'affaire...

Afin de trouver l'équilibre, il faut savoir faire le vide.
Pour moi (une daronne de quarante ans),
aller à la mer fonctionne plutôt bien.

La marée qui frappe les falaises, le vent vif, froid,
le cri des mouettes, le sel sur ma peau, c'est beau…

Original, non ? La mer, pour se ressourcer...
On n'y pense pas assez, je trouve...

Ça pourra être une bonne planque quand
les eaux auront monté et que l'on
ne vivra que de la pêche pour survivre...

Bon, pour le vide mental,
je vais encore avoir besoin
d'un peu d'entraînement...

* Barrez-vous, mes soeurs!
La fin du monde est proche!

Partie 2 :

Sexy Planet

Est-ce que c'est de la déprime ou juste
une réaction logique à l'état du monde ?

Est-ce un problème de riche ?

J'pense pas, mais bon...

Comme beaucoup de gens de ma génération,
je souffre d' ✿ ÉCO-ANXIÉTÉ ✿,
un néologisme désignant l'ensemble
des émotions liées au sentiment de fatalité
face au réchauffement climatique ← LAROUSSE

Chaque jour, j'ai honte d'être humain...

Mais est-ce qu'elle en a quelque chose à faire de mon éco-anxiété, la planète ???

Face à ce genre de phénomène, plus tu en apprends,
plus tu te retrouves face à l'inconnu,
plus tu ANGOISSES.

Il y a des moments où le seul rempart pour ne pas sombrer, c'est de changer de sujet.

Mon sentiment d'impuissance me ronge...

Pourtant c'est un beau métier, tout le monde le dit…
Élever des chèvres dans le Larzac, c'est aussi un beau métier…
C'est vrai…

… c'est où le Larzac, déjà ?
T'inquiète, ils veulent pas de toi, là-bas.
Je comprends…

Il y a quelque chose de profondément hypocrite à faire peser sur les citoyens la responsabilité de l'effondrement...

Mais dire ça, sans agir, ça sert à rien.

Alors j'essaye.

Je me déplace à vélo, je vis et travaille en ville...

Je voyage en train, j'ai même pas le permis...

On en reparle à la fin de la période de validité de ma carte de réduction, bien sûr...

Parfois ça me joue des tours...

Finalement, c'est quoi ma contribution à un mode de vie plus écologique ?

J'achète du café « durable » et je recycle les boîtes en pots pour boutures de plantes...

Je trie mes déchets comme je peux...

J'essaye le plus possible de faire mes courses au marché, acheter bio, local...

Néanmoins, ça peut être un peu frustrant d'abandonner de vieilles habitudes

(mdr je parle comme si j'avais 54 ans, 3 gosses et un scénic)

MiAM!

À quoi bon avoir atteint l'âge de m'acheter ce que je veux si je dois faire une croix sur les COCHONNERIES ?!

En vérité, je ne suis qu'un humain. Parfois je craque, moi aussi...

Chassez la culpabilité, elle revient au galop, fidèle à elle-même.

C'est un peu ma responsabilité, en tant que jeune bobo, de montrer que ce n'est pas si dur de faire un effort !

Quand j'ai enfin eu un pouvoir d'achat (relatif), je me faisais plaisir sans trop y penser…

Aujourd'hui, c'est une autre histoire…

Il reste, dans mon quotidien, d'infimes TRACES de celui que j'étais jadis...

Disons que je choisis les domaines dans lesquels je fais des concessions.

Prenez garde! Le «moi» nouveau est en Route...

Supprimer (ou raisonner) sa consommation de viande est une chose, y trouver des alternatives en est une autre. Dans mon entourage, la question ne s'est pas posée.

(ERRATUM : je n'ai pas autant d'amis)

Au fil des années, une certaine lassitude s'est tout de même installée...

Pour l'instant, peu d'entre nous ont réussi à trouver une nouvelle manière d'ENCHANTER L'APÉRO...
C'est un véritable casse-tête que nous plaçons TOUT EN HAUT de la liste de nos angoisses...

Heureusement, il y a dans chaque groupe de bobos (ou étudiants en art) un ou une PICKLE-ISTA.

(à savoir une personne passionnée par la fermentation d'aliments dans des bocaux remplis de vinaigre)

Les pickles maison, les jolis bocaux en verre,
les fleurs séchées, l'ambre et le lin...
... Tous ces éléments évoquant un LIFESTYLE « au naturel »
ne correspondent pas à mon esthétique,
plus urbaine et branchée...

Je sais qu'elle m'attend, cette vie, qu'il suffit
que je lui tende la main, mais suis-je
seulement prêt à faire LE GRAND SAUT?

un de mes traits de personnalité toxique ?
Je n'ai jamais tort.

gnnngle
RRRRRRRbbll
RRRMBBL
AAA
HRRRAAAAAA
AAAA
AAAAH
HHHH
HH HH

Une terreur nocturne parceque « vous avez oublié le goût du steak haché » ?
eh bien...
Mais un psy c'est pas censé PAS JUGER ?

Bon, niveau alimentation, je peux y arriver. Je suis en bonne voie. Et puis mon incapacité à me lasser de manger des PÂTES peut se révéler très utile par les temps qui courent…

Mais là, on a parlé que de la partie ÉMERGÉE de l'iceberg de la consommation…

Moins consommer, c'est vraiment se concentrer sur l'essentiel !
AH BAH VOILÀ HEIN
ELLE EST VENDUE.
PEF
CETTE FIGURINE PIKACHU 58CM ÉDITION LIMITÉE ANNIVERSAIRE INTROUVABLE !
899
POUF !
AH NON BEN JE SUIS FIER DE MOI HEIN, J'AI RÉSISTÉ !
WOOSH
J'EN AI PAS BESOIN AH ÇA, PAS BESOIN DUUUU TOUT DU TOUT DU TOUT !
OUI OUI BEN JE LORGNAIS DESSUS DEPUIS 2013 HEIN, MAIS BON.
PII
oooPii
Piiii
J'AURAIS FAIT QUOI AVEC DE TOUTE FAÇON, JE L'AURAIS CONTEMPLÉE ? HAHA, LE MEC !!!
ELLE EST MAINTENANT DANS LES MAINS DE QUELQU'UN D'AUTRE QUI LA MÉRITE SÛREMENT !
JE N'AI AUCUN REGRET ! AUCUN !
AUCUN

Je remarque qu'au niveau de l'habillement, j'ai beaucoup moins de mal.

La graine du minimalisme est-elle en train de germer en moi?

Assurément...

Ça fait du bien...
...cette clarté...

Dans mes accès de folie minimaliste, je prends parfois des décisions <u>DRASTIQUES</u>.

Trier ses fringues, c'est un peu comme trier ses souvenirs
Par où commencer ?
mdR, Poète, le mec, nan ?
OOOH cet-shirt H&M merdique ! Ça me rappelle mes premiers concerts !
SNFFFFFLL
hmmm la douceur de la fosse du Zénith...
ma prime jeunesse
Allez, on garde !
Et ces godasses défoncées !
SNIFF
Elles m'ont accompagné jusque dans les hauteurs de Lisbonne...
Oh bah ça me fera une paire à tâcher quand je ferai de la peinture ou une RAVE PARTY en Allemagne !

OH! Ma première veste en denim trouvée en friperie!
Bon, c'est du 4XL mais ça peut toujours servir
OH! Une de mes 17 vestes en nylon « années 80 »
décidément…
Nan mais elle est bien celle-là
OH! Un vieux bonbon!
Miam!
Bon, ben je crois qu'on est bon, là…
Punaise, chuis trop fier de moi
Au top.
DON

Ces gens ne savent pas que j'ai : 1 Accepté le fait que je n'aurai jamais la patience de vendre ces fringues en ligne, et 2 Décidé de me défaire du matériel pour aérer mon appart ET mon esprit !
Pourquoi ce mec se balade avec sa poubelle dans toute la ville ?
Ah ! Ben BRAVO LA JEUNESSE ! Son bac est plein alors il va jeter ses DÉCHETS chez les autres, SUPER !!!

Et voilà!
une bonne chose de faite!
PWONF
BOÎTE
DON!
Donnez une seconde vie à vos vêtements
TING!
Tu veux prendre un petit verre?
Allez! Pour me féliciter d'être une BELLE PERSONNE
Hello Hello Helloooo
Hello!
Salut, tu viens d'où, t'étais dehors?
À la boîte à dons!
J'y ai déposé plein de fringues !!!
Ah mais tu sais que c'est une arnaque, ces trucs...
Bah, ils disent que ça crée de l'emploi et qu'ils retapent les fringues et tout !!?
Bah, en fait ça part en Afrique pour moins payer les travailleurs...
???!!
Oui, c'est pourri
Ouè

C'est quoi déjà, l'expression...
« Pédaler dans la farine » ?

En vérité, je ne sais pas par où commencer, ça me tétanise...

Je regarde passivement les gens se battre activement en me demandant si ça va servir à quelque chose, finalement.
↳ RÉPONSE : BIEN SÛR QUE OUI

J'ai pas beaucoup d'espoir, énormément de colère, et surtout, je suis déjà crevé avant même d'avoir commencé.

Pourtant, je suis persuadé que c'est le collectif qui fera bouger les choses.

Quand faut y aller,
faut y aller.

C'est bon? T'as fini de chouiner dans tes bocaux réutilisables après avoir fait TANT d'efforts dans le vide?
C'est pas dans le vide, si tout le monde y met un peu
Oui ben va dire ça à Jeff Bezos, tu vas voir...
Amazon je boycotte.
Oh Merci, tu veux une médaille?
T'es dure.
Je t'héberge gratos, commence pas.
C'est du chantage?

Je crois que ma relation toxique avec la planète s'améliore de jour en jour.

C'est beau hein...
oui
Ça vaut le coup, à chaque fois.
J'avoue.

Mais ça me donne un peu envie de pleurer.
Ah oui?

Même si je sais que tout recommence, j'ai l'impression que ce sera plus jamais pareil
Comme si je devais faire un deuil en avance

Comme si j'avais pas assez profité des vacances avant la rentrée
oui, je vois
Sauf que la rentrée, là, c'est littéralement la fin du monde.

une sorte de «cafard climatique» si tu veux…

…
Bon, euh sinon tu pisses sous la douche?
oui oui

Partie 3 :

En vie ! (à MORT)

TOC TOC!
Oui?
C'EST MOI, LA FAUCHEUSE!
AHNAN
PAF
YA!
NOT TODAY!
WOOO
C'EST. MOI QUI SLAY!
TCHAK
HAHA!
HOP
?
TU VAS VOIR!
AAATTAAAAHH
RUGH
KICK
et voilà
CLAC

Et vous dites,
« Défoncer la mort, filmé dans un style très nerveux avec plein de cuts, comme dans un Tarantino »...
C'est ça
un peu comme le rêve « Tuer le coronavirus avec un fusil de chasse » ?
oui, un peu

J'habite à côté d'une maison de retraite. Chaque jour, en partant au travail, je passe devant les petits vieux qui prennent l'air.

Mon atelier se trouve juste après une clinique de cardiologie. Aussi, on voit passer à longueur de journée des ambulances qui déposent et récupèrent des vieux patients.

De fait, je pense souvent à la fin, la mienne, et celle de tous mes proches.

~~Je rêve de mourir~~ euh non
Je rêve de finir mes jours en sachant que ma disparition ne va pas DÉVASTER toute ma famille.

Je sais pas vraiment si la mort me TERRIFIE ou si je suis juste DÉSABUSÉ…

Je me renseigne beaucoup sur les enterrements « ALTERNATIFS » afin de dédramatiser LA MORT.
(Je suis trop unique en mon genre, que voulez-vous)

Plus j'en apprends, moins j'arrive à me détacher de l'image ancrée dans l'imaginaire collectif de la dispersion des cendres dans la mer un jour venteux.

J'ai vu qu'il y avait des gens qui se faisaient incinérer puis leurs cendres étaient coulées dans des récifs de coraux artificiels en béton afin de recréer des barrières naturelles dans les océans.

Genre y a tous les nutriments nécessaires pour qu'une faune et une flore diversifiées s'y développent.

Il paraît que ça marche super.

Dans un registre plus... accessible aux vivants, une autre boîte propose de PLANTER nos morts dans une réserve naturelle pour s'y recueillir...

Oh non…

Bon, au moins je n'ai pas été coupé pour imprimer la biographie de Zemmour…

L'idée de rendre mon corps à la nature me semble tellement LOGIQUE, après tout nous sommes toutes et tous du COMPOST...

Il a pas du tout changé, il a essayé de me tuer
Sérieux ?
Mais c'est pas possible cet ego !
ÇA VA PAS ???
euh
Je...

T'as pas compris que t'avais AUCUN MOYEN de gagner contre nous ?
Je fais un travail essentiel, quand même.
Mais c'est des images ...
SUPER ORIGINALES TES IMAGES
BREF.

Entre nous, les cimetières c'est quand même grave GLAUQUE et inutile, nan???

Dans certaines cultures, on honore les morts avec un autel installé à la maison. C'est plus facile d'accès, et on a plus de choix de déco...

ÉNORME flemme d'être empilé dans une boîte MOCHE dans un TROU à un endroit où j'ai pas vécu, avec des gens de ma famille que j'ai peut-être pas connus, OU PIRE, que J'AIMAIS PAS...

Quand on m'appelle à une heure inhabituelle,
j'ai toujours cette angoisse au fond de la tête.

Et à l'inverse, quand un proche ne me répond
pas pendant plusieurs heures, j'angoisse à fond

Ça doit être en partie à cause de notre monde ULTRA-CONNECTÉ... Quoiqu'il en soit, je ferais un bien mauvais père.

Faut dire que ces derniers temps, j'ai eu pas mal d'occasions de réfléchir au sujet.

ange
tendre

Plutôt acajou ou noyer massif ?
Et les finitions ? Laiton ? Plaqué ?
Qu'est-ce que vous voulez que ça me fasse ?
J'enterre ma mère, je suis pas en train de refaire ma cuisine...
C'est pas contre vous...

Dans ma micro-famille, chaque décès crée un trou bien visible.

Les deuils sont longs et s'enchaînent, parfois en simultané.
C'est un peu comme lancer douze téléchargements en même temps avec un modem 56K.

Ça va juste TROP VITE, même quand tu pensais t'être suffisamment préparé, c'est TOUJOURS le moment qui te ramène à ta condition humaine, dans un monde inhumain.

↖ Poète...

Quand je vois tout ce bordel logistique, je ressens comme une dissonance cognitive. J'ai beau savoir que toutes ces démarches sont nécessaires, tout me paraît irréel.

À chaque fois, il faut trouver un moyen de faire son deuil en EXPRESS, parce qu'on a des deadlines, des obligations, parce que tout est fait pour se noyer dans le taf plutôt que dans ses émotions.

J'aimerais pouvoir être là émotionnellement pour les autres, mais lorsque je sature, la porte se ferme, je deviens un robot.

Quand je vois quelqu'un craquer et fondre en larmes, je bloque, mon empathie se met en pause et j'attends juste que ça passe. Sympa comme ambiance, non ???

Mon cerveau EXCELLE dans l'art du déni.
Il prend connaissance du dossier, l'archive,
et transforme n'importe quelle émotion résultante
en COLÈRE.

Je déteste ça.

Mais c'est pas possible vous en avez combien ?!!
Ben chépas y en a toujours de nouvelles et j'arrive pas à les ouvrir…
Mais on va en avoir pour des ANNÉES, là !
Rôh exagérez pas
LARMES
LARM
LARMES
LARMES XI
LARMES VII
LARMES XIII
LARMES V
LARMES VI
LARMES VIII

Comme mes glandes lacrymales sont pleines à 600%,
mon corps m'envoie des signes...

Des signes parfois contradictoires,
je le concède...

Pas facile de lâcher prise quand on est DUR et FORT comme moi, la VIRILITÉ M'HABITE.
QUE DIS-JE ?!! ELLE INFUSE MON SANG.

Que demeure la MAGIE du CINÉMA !
Dans le noir, personne ne vous ~~entend~~ voit pleurer...

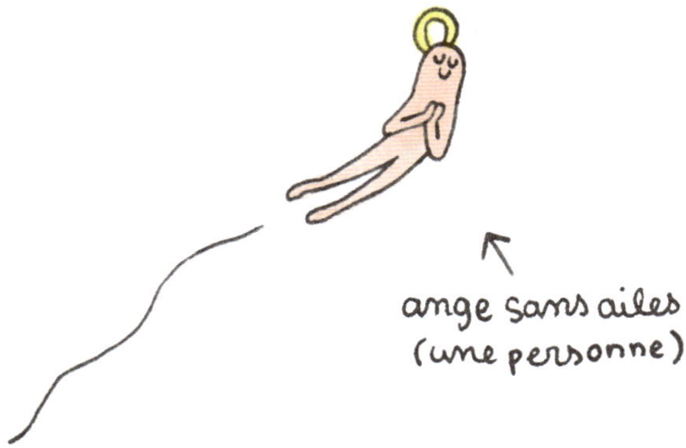
ange sans ailes
(une personne)

C'est bon, t'as bien révisé ?
Oui ! J'ai pas dormi de la nuit
C'est bien.
T'oublies pas, Pas de fou rire nerveux
promis.

Je chouinais beaucoup, petit. Franchement c'est pas mal, ça régule l'état émotionnel et tout... C'est juste dommage de devoir se le rappeler à vingt-cinq ans.

Pour moi, c'est un peu l'indicateur que le processus de deuil est enclenché.

Parfois, j'aimerais bien qu'une petite diode me dise à quelle étape je suis, et quand ça va se terminer.

Mais je crois
que ça se termine jamais.
Oh regardez,
On dirait Mamie !

C'était le truc le plus cucul que j'aie jamais dit...
HAHA!
Je me suis gêné tout seul
J'avoue

Allez, on y va.
Uip

Bon, on fait quoi en rentrant pour pas trop déprimer?
«Top Chef»
«Topchef» de ouf.
C'est pas l'épisode de la gu… des restos?
?
Si
QUOI?!

TU VEUX QUOI?!!
TU DÉGAGES:
C'EST PAS TON MOMENT.

Partie 4

[PAS] La Foi

Méthodes Conventionnelles de Représentation : DIEU

prends ma main
non
ultra flippant
C'était pas un gros con égoïste, lui?!
Ouh là, on va me prendre pour un conspirationniste antivax, c'est archi mort.
Bon, ce sera lui, OK?!
On va où?
T'occupes.

Tiens, je te laisse avec eux.
J'ai autre chose à faire, moi.
ALGH
Tiens ?
C'est qui ?

Tu le connais ?
Pas du tout.
C'est quoi votre nom ?
euh... Dieu.
Ah !
Ça sonne comme un truc d'humain ça...

Vous faites quoi ?
... les gens croient en moi, et ça leur donne des réponses, ça crée du sens, ou les apaise.
Non mais CONCRÈTEMENT.
euh... c'est compliqué...

Ça marche sur tout le monde ?
Non, ça dépend des gens...
AH MAIS C'EST NUL !
MOI ÇA MARCHE SUR TOUT LE MONDE !
et toc !

Bon, vous avez capté, la foi religieuse, c'est un truc assez compliqué pour moi.

Mais genre t'es là, t'es une personne du passé, tu passes TOUTE TA LIFE à construire un truc et tu CLAMSES avant de pouvoir en profiter... c'est chaud...
Une minute...
Exactement comme LE VÉRITABLE MONDE DU TRAVAIL CONTEMPORAIN.

J'ai reçu une éducation catholique, ma mère a même été dame caté à une époque.
(J'adore ce terme)

Franchement c'était plutôt cool,
Pas l'aspect étude de la Bible et tout, ça j'en avais rien à faire, mais plutôt l'aspect « communauté ».

Malgré mon jeune âge, j'ai tout de même su identifier les RED FLAGS de l'Église...

Alors qu'apprendre à faire des fractions c'était déjà le parcours du combattant, voilà qu'il fallait désormais apprendre PAR CŒUR des chants ENTIERS à la gloire du CHRIST???

Dans « Autorité du Christ » je n'ai vite retenu que l'aspect « AUTORITÉ », la même que celle de ma maîtresse d'école, de ma soeur ou de mes parents. Clairement, j'avais pas envie de m'encombrer avec ça.

Les lectures, les chants et les prières s'enchainaient sans que j'y comprenne un foutre mot. Pour moi, ce charabia monotone ressemblait tout simplement à une autre langue.

Docile, j'ai tout de même tenu jusqu'à ma première communion, par appât du gain (au fil des années j'avais bien compris qu'on allait m'offrir au moins UN cadeau stylé si j'acceptais de la faire...).

Et puis je voulais savoir quel goût avait l'HOSTIE ! Malheureusement, une nouvelle déception m'attendait.

Dieu soit loué (MDR), j'ai eu le choix à mon entrée au collège de continuer ou non mon parcours dans les pas de notre SAUVEUR JÉSUS. Un choix fait sans hésitation.

Ma mère, spectatrice impuissante devant mon virage vers la perversion, regretta vite la liberté qu'elle venait de m'offrir.

C'était comme ça, les mécanismes de la croyance n'avaient pas pris. J'étais à l'Église catholique ce qu'une mayonnaise ratée est à un chef.

Le clou du spectacle ? La mort de mon grand-père en cinquième qui a éteint en moi la dernière ÉTINCELLE de catholicisme encore présente...

Et visiblement, cette fois j'étais pas le seul.

Dix ans plus tard, c'est ma grand-mère qui s'en va. Et là, fidèle à moi-même :

Bénie soit ma mère, plutôt. Parce que même si je ne vais pas à l'église tous les dimanches, elle a su me transmettre des valeurs positives et bienveillantes…

Bon, chez moi elles se manifestent plutôt comme une greffe rejetée par l'organisme, mais passons…

Une vie athée, certes, mais une vie « juste »...

astuce de RAT

Récupère les invendus de la boulangerie du coin pour les redistribuer et devenir un véritable MESSIE CONTEMPORAIN !

un ange
(selon la Bible)
C'est ÇA
ce que vous voulez ?

Maintenant que je suis adulte et que j'observe la vacuité de l'existence avec une clairvoyance ABSOLUE, la notion de foi me travaille…

Parfois, quand je broie du noir, j'aimerais bien pouvoir trouver un peu de répondant.

Peut-être que si ça avait marché, tous ces TRUCS de caté,
Ben je ne serais pas là à noircir des pages
avec mes questionnements existentiels...

Je déconne, on en a pas fini.

Je me rends régulièrement à l'église derrière chez moi. J'aime bien l'ambiance solennelle, et puis c'est beau...

Euh ben non je crois que c'est tout.
...
Merci!
...
...
Il est possible que je n'aie pas compris la question

J'adore aussi le petit cloître.
Là-bas, zéro son parasite, juste le doux silence des vieilles pierres.

C'est l'un des rares endroits où j'ai les idées claires

On y trouve le petit puits, le repère des sensibles…

On peut notamment s'y refléter,
une activité trop sous-estimée à mon goût.

Je sais ce que vous vous dites...

« Ouaais tu fais trop le mec nananinanana alors qu'en fait tu prends que ce qui te plaît et t'ignores les trucs chiants du genre METTRE DES SOUS DANS LA CORBEILLE À DONS ou FAIRE LE BIEN AUTOUR DE TOI. »

Et si, finalement, tout n'était qu'une question de retour sur investissement ?

B... Bonjour...
Bonjour mon enfant
cringe
J'en ai gros sur la patate.
Avez-vous des remords? Des péchés à confesser?
euh bahnan
Je voulais juste me plaindre du temps d'attente quand je veux joindre la CAF...
Ça me rend ouf
...
Et la musique, là?!
TOUDOUDOUUYEAAH
MON CUL LÀ!
insupportable

Tiens, ça me fait penser qu'il faut que j'appelle ma mère
ça fait longtemps
Après la phobie du téléphone c'est un truc générationnel hein
Jugez pas
...
...
C'est pas trop l'endroit, hein
Pas trop

Ah! T'en as mis du temps!
T'es allé te confesser?
Ouais, le mec était pas GIGA réceptif...
Tu viens récupérer ton gars, là?
ouaip.
...
T'es toujours fâché contre moi?
Ouais mais je crois que c'est pas ta faute
Ah

On va faire un pacte, OK?
Tu me laisses venir me refléter dans le puits du cloître et moi je te laisse faire tes trucs chelous de manipulation de l'esprit et tout...
euh... OK...
Mais tu sais, t'as pas besoin de me demander mon autorisation hein...
Je peux être comme tu veux que je sois...
Ouais nan ça va chuis pas un pervers narcissique...

J'en ai juste archi-marre d'avoir les pieds sur Terre TOUS LES JOURS
J'voudrais… chépas… avoir les pieds sur Mer…
HaHa
Les pieds sur l'Air

« LES PIEDS SUR T'HAIR » HAHAHA !!!
Ah oui, comme un salon de coiffure ?
« Bonjooourent bienvenue en ENF'HAIR ! »
AH NON !

Bon, on y est.
C'est tout ce que t'as trouvé comme nom ???
Ouais, j'voulais un truc NEUTRE.
Chapeau
LIEU DE DIEU

Je laisse entrouvert si tu veux...
T'inquiète, au pire J'ai un double des clefs
à plus!
LIEU DE DIEU

Me voilà bien avancé...
Que faire, maintenant ?
TESTER ARBITRAIREMENT D'AUTRES RELIGIONS ?!
Je me verrais bien faire un truc plus ~~radical~~ euh, plus spirituel...
Bienvenue au stage d'initiation au bouddhisme ! Ici, dans le but d'atteindre ☆ L'ÉVEIL ☆, il faudra vous séparer de TOUTE POSSESSION MATÉRIELLE !
euh... QUOI ?
Même le téléphone, SURTOUT le téléphone...
Nan mais c'est bon j'ai déjà donné mes fringues dans la boîte à dons, là...

Le Shintoïsme, sinon ?

Ça y est, je sonne comme un étudiant en école de commerce qui part en année sabbatique en Inde pour se reconnecter à lui-même…

Quitte à chercher de nouvelles croyances, autant opter pour un truc marrant…

COMME L'ASTROLOGIE ♥ ★ ✺

Chépas... euh, le soir?
TU SAIS PAS?
On s'en fout
EEUUUH À D'AUTRES
À D'AUTRES
Je vais y aller...
TYPIQUE DES POISSONS: LA FUITE
Je suis pas Poissons.
EUH BIEN SÛR QUE SI MÉLANIE JE CONNAIS MES AMIS, QUAND MÊME...
...
...
Tu t'appelles pas Mélanie hein...

Bon, c'est peut-être pas la meilleure direction...
Pas faux.
Laissons tomber la piste « CROIRE EN QUELQUE CHOSE »
...
Bon, simon j'avais noté : « Changer d'identité et partir en Écosse pour devenir berger, loin de toute oppression liée à la vie urbaine ou au contact des gens ».
Pas mal ça, nan ?
Vous en pensez quoi, docteur ?
Je suis pas docteur.

On va essayer autre chose si ça vous va. Mettez ça.
? c'est quoi?
Vous verrez
c'est quoi ça, encore... un truc de réalité virtuelle?
ça me fout la gerbe ces trucs... On peut pas faire de l'hypnose comme tout le monde?
Vous avez pas intérêt à me lancer une vidéo avec un T-Rex qui fonce vers moi à vive-a
AH
G...

Conclusion

(Le grand) MAINTENANT

Allez, balance-le, ton T-Rex, qu'on en finisse…
!
?
Ah, t'es là ! Tu veux du thé glacé maison ?

J'ai rapporté un jeu de cartes, on fait un président?
J'ARRIVE!
C'est qui qui a tous les 2, là encore... j'ai une main toute pourrie
Tiens, tu me passes le melon?
Bon, qui commence?
ui
Regardez! J'ai réussi à cramer une feuille d'arbre avec ma loupe!
HA HA HA
MAIS C'EST ARCHI-DANGEREUX!

c'est un peu nul cette émission...
oui un peu ...

?
T'as froid aux ièps ?
C'est quoi « ièpsse » ?
HaHaHa
Rien
Z

C'est fastoche, un peu de Romarin, de l'huile d'olive à balle...
Sel, poivre...
et HOP! 45 minutes à 180°C

Ouaaah c'est ARCHI BON!
Mais oui!
En plus comme t'en as 3 FUCKING KILOS ça va te tenir tout l'hiver!

SIAMO TUTTI ANTIFASCISTI
CLAP CLAP CLAP CLACLAP
CLAP CLACLAP
CLAP
Qu'il est bon de CRIER Pour les bonnes raisons!
WOUUUHH

AAH J'VAIS LÂCHER, ÇA GLISSE !!!
TU LÂCHES, JE MEURS !
AARRRH ATTENDS CHUIS COINCÉ DANS LE COIN
c'est fini ! bravo à nous hein !
On commande des pizzas ?
allez...

PAF
POUF
PIF PEF
POF
POF
PIF POUF
PEF
PIF
POF
!
PAT
PAT PAT
PAT PAT
Ça va aller...

Ê
minou minou minou
NEW
POKÉMON VERSION MARRON
JEUX!
IL EST SORTI
CRONCH

Tu viens danser!?
AH
C'EST BON
ÇA M'A FAIT DU BIEN DE PARLER♥
Ils me gonflent, viens on se casse et on va se chercher un Kébab.
J'AI COMPRIS

Qu'est-ce que vous avez compris ?
Ben c'est HYPER clair en fait...
?
Le meilleur est derrière moi et je suis condamné à ressasser le passé jusqu'à ma mort.

La vie, c'est comme apprendre
à jouer de la guitare pour avoir l'air stylé.
C'est pas parce que t'es nul au début
qu'il faut laisser tomber.

Tiens, et si j'allais me poser en terrasse pour bouquiner ?
Chuis trop chou...

Merci à Sophie, mon éditrice,
pour cette proposition et pour
avoir cru en ce projet !

Merci à ma famille et mes proches
pour votre patience et votre gentillesse.
J'espère continuer à (mal) vous dessiner
encore longtemps !

Y.A.M.O.L.

Ce livre a reçu le soutien de la bourse d'aide
à la création littéraire de la région Grand Est.

Pour plus d'information :

www.lisez.com

Imprimé sur du papier issu de forêts gérées durablement.

N° éditeur : 65737/01
Photogravure Le Sphinx
Imprimé en France par Chirat
42540 Saint-Just-La-Pendue